Los Renos y la Cena de Navidad

Nicole Antoinette

Primera publicación - por Nicole Antoinette Publishing
ISBN 978-1-939761-57-6
Impreso en los Estados Unidos de América
Este es un libro impreso en papel libre de ácido.

Traducido por Martha Téllez.

Nicole Antoinette Publishing.
publishing@faithbooksandmore.com
faithbooksandmore.com

Información sobre pedidos:
Ventas - Descuentos especiales disponibles en compras al por mayor por parte de
corporaciones, asociaciones y otros. Para más detalles, póngase en contacto con el editor en
la dirección mencionada.

Para pedidos realizados por librerías y mayoristas comerciales de Estados Unidos:
Contactar a Ingram Book Company: Tel: (800) 937-8000;
E-mail: orders@ingrambook.com o visitar ipage.ingrambook.com.
Luke 2:1-20 - https://www.biblegateway.com/passage/?search=Luke+2%3A1-20&version=NVI

Agradecimientos

Hay adornos de Navidad colgados en mi árbol, que en muestra de agradecimiento representan a cada persona que me ha apoyado en la escritura, producción y publicación de este libro.

Brenda Smith
Bridgett Joyce
Candice L. Davis
Damien K.H. Nash
Daphane Simmons
Donella Smith
Dr. Sharisse McCoy
Ester McMillon Hall
Hahna Gabrielle McCoy
Jason Smith

Jayla Arielle McCoy
Jazmine Walker
Joshan Smith
Karen Lee
Katrice Walker
Kevin Clarke
Krista Clanton
Kristi Hullum
Lawonia Freeman
LeAndrea Hayden

Lori Louis
Major Lee V. Hayden III
Michelle McMillan
Nolana Murray-Bibbs
Sim Wong
Terrance Smith
The Clarity Collaborative
Tiffanie Caldwell
Valerie Robinson
Yvette Barr

Noche de paz, noche de amor...

Mientras Honey cantaba una de sus canciones favoritas de Navidad, escuchó un perro ladrar.

Corrió a la ventana y vió a Zoey, la perrita del vecino, persiguiendo una ardilla. Pero justo antes de que Zoey la atrapara entre sus dientes, la ardilla escapó a un árbol.

Honey, una pequeñita de 8 años de edad, se volvió hacia su padre y le dijo: "Papá, quiero empezar otra tradición para celebrar la Navidad."

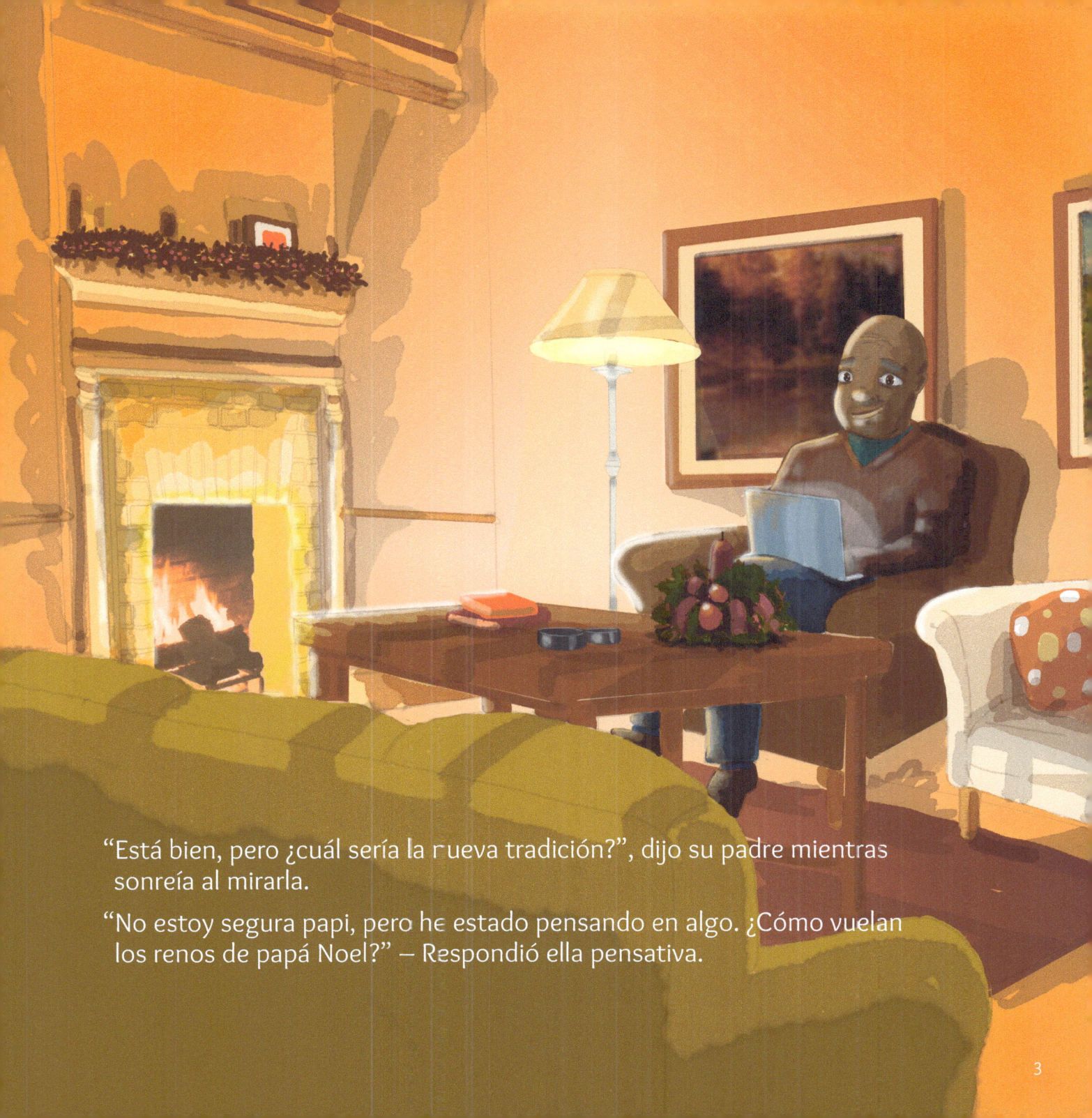

"Está bien, pero ¿cuál sería la nueva tradición?", dijo su padre mientras sonreía al mirarla.

"No estoy segura papi, pero he estado pensando en algo. ¿Cómo vuelan los renos de papá Noel?" — Respondió ella pensativa.

"Cariño, usa tu imaginación", le animó su padre.

Honey miró por la ventana. Entonces sus ojos se abrieron brillando a la luz del sol.

"Papi, los renos comen comida de Navidad, ¿cierto? Tal vez eso los hace volar y luego puedan entregar regalos a los niños en todo el mundo para celebrar la Navidad."

Ella miró por la ventana, entusiasmada, imaginando a los renos comiendo comida especial de Navidad para renos y preparándose para una larga Nochebuena.

De hecho, la imaginación de Honey volaba sin control. No podía dejar de pensar en los renos.

De repente olió sus galletas favoritas de Navidad con canela y azúcar en el horno.

Entonces saltó a la cocina para ayudar a su madre.

"Mamá, ¿sabes cómo vuelan los renos de papá Noel?" dijo Honey, asomándose al mesón.

"No Honey, ¿cómo?", preguntó su madre mientras regaba la mezcla de canela y azúcar en la masa de las galletas.

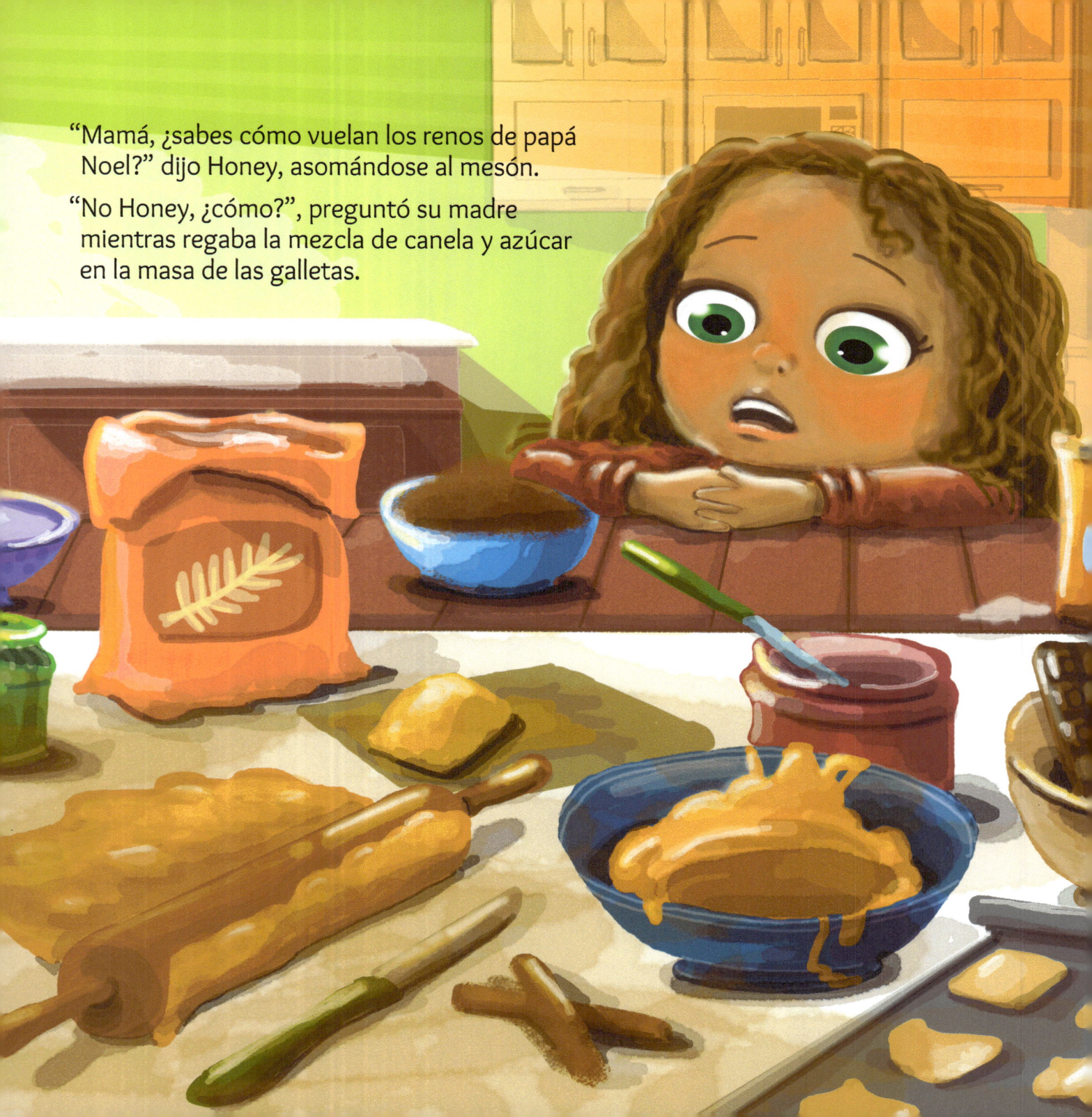

"Ellos comen comida de Navidad para renos!", dijo Honey sonriente

"Cariño, eres tan graciosa. Me encanta tu imaginación", dijo su madre.

"Mamá, utiliza tu imaginación conmigo. Quién hace la comida de Navidad de los renos?".

"La señora Claus, con ingredients especiales", respondió su madre, mientras Honey brincaba cerca de su hermanita Jayla.

"¡Exacto! Me gustaría hacer nuestra propia comida de Navidad para renos, así ellos pueden encontrar nuestra casa esta noche", sugirió Honey.

"Los renos de papá Noel han encontrado nuestra casa durante mucho tiempo. Estoy segura que la van a encontrar de nuevo esta Nochebuena", dijo su madre.

"Lo sé mamá, pero ¿qué pasa si los renos tienen hambre en el camino y necesitan energía para terminar sus entregas?" Dijo Honey agitando sus manos en el aire.

"Y qué tal si la nieve es muy intensa y los renos no pueden encontrar el camino a nuestra casa. Y qué tal si..."

[Su madre la interrumpió]

"Tranquilízate Honey, los renos estarán bien."
"Lo sé, mami, pero quiero estar segura", respondió Honey impaciente.

Honey miró por la ventana con cara de preocupación. Ella quería seguir usando su imaginación.

15

Fueron solo unos minutos, pero pareció que fue mucho tiempo después cuando su madre de repente preguntó:

"¿Qué hay en la comida de los renos que hace que puedan volar?"

"Es algo delicioso que el reno puede oler,"
Honey respondió con una sonrisa.

"Sí, un aroma a galletas horneándose,"
su madre le respondió en tono de broma.

"¿Podemos preparar alguna comida de Navidad para los renos y así yo puedo darles?" preguntó Honey emocionada.

"Honey, ni siquiera vas a ver a los renos, entonces como podrías darles de comer?" dijo su madre.

"Podemos dejar la comida para que los renos coman y la llamaremos Ribblets", sugirió Honey.

"¿Qué tal si hacemos la comida y la regamos por nuestro patio para que guíe a los renos a nuestra casa?" dijo su madre, con brillo en sus ojos.

En el mesón de la cocina, Honey y su madre comenzaron
a mezclar los ingredientes en una taza grande.

"Gracias mami. La comida de Navidad para los renos, quiero decir Ribbles, le ayudará a papá Noel a encontrar su camino", dijo Honey.

"Cada Nochebuena nos aseguraremos que la comida quede afuera para los renos."

21

"Si Honey, eso ayudará. De hecho, podemos preparar mucha comida para que tú les des a los otros niños y ellos puedan hacer lo mismo," sugirió su madre.

"¡Súper! Así seguramente los renos van a parar en todas nuestras casas", dijo Honey con una sonrisa.

"Pero, espera ... cómo podrán los renos ver la comida desde arriba en el cielo?", Preguntó Honey.

"Hmmmm ... tenemos que poner algo para que la puedan ver, así la luna brillará en la comida y la hará resplandecer", respondió su madre.

Entonces Honey añadió a la mezcla azúcar de diferentes colores para estar segura que brillaría a la luz de la luna.

23

Honey y su madre hicieron la comida de Navidad para renos en una fría noche de invierno. Cuando estuvo lista, la esparcieron en el jardín al frente de su casa.

Cuando Honey terminó de regar la comida en su jardín, sacó del garaje una pequeña vagoneta roja; entonces su madre la llenó con bolsas de comida para que Honey compartiera con los otros niños.

Honey y su madre fueron de puerta en puerta entregando bolsas de Ribbles a todos sus vecinos.

Cuando la vagoneta estuvo vacía, Honey se sintió muy feliz. Y mientras ella y su madre caminaban de regreso, todos los niños salieron de sus casas y comenzaron a esparcir la comida en sus jardines.

Más tarde, después de haberse quitado el abrigo y los mitones, Honey se sentó junto al fuego en la chimenea, con una taza de chocolate caliente. Esto era algo que siempre relajaba a la jovencita.

Miró por la ventana buscando la comida de los renos - miraba y esperaba.

Momentos más tarde, con un lápiz y un
pedazo de papel, comenzó a escribir:

Jesus es alabado en la Navidad
Entonces todos le cantan al
Salvador que ha nacido
Un poco de comida brilla bajo la luna

Con su ayuda los
Renos pronto volarán y en la
Inmensidad verán nuestras casas
Será hermoso en la mañana
Tener al Señor con nosotros
Osana Osana al señor Jesús!

Honey.

STEAM
ACTIVIDADES

Dentro del marco de referencia que incluye las divertidas actividades educativas del programa STEAM (ciencia, tecnología, arte, matemáticas por sus siglas en inglés/Nota del traductor) para vacaciones está el apoyar la ciencia, la tecnología, la ingeniería, las artes y las matemáticas dentro y fuera del aula. Dichas actividades están destinadas a ser llevadas a cabo por el lector. Algunas veces requerirán la participación de un adulto. Visite christmasreindeerfood.com para poder imprimir material y obtener actividades gratuitas.

Receta de Ribbles

1/2 taza de avena sin preparar

1/2 taza de azúcar

3 cucharadas de cristales de azúcar roja

3 cucharadas de cristales de azúcar verde

1 cucharadita de especias (por ejemplo canela, pimienta, o nuez moscada)

3 trozos pequeños de zanahoria (opcional)

Instrucciones:

1. Mezclar avena, azúcar, cristales de azúcar y especias en un tazón pequeño hasta que compacten.

2. Añadir los trozos pequeños de zanahoria, si se desea.

3. En la víspera de Navidad, esparcir los Ribbles en el jardín, o donde los renos la puedan ver, así papá Noel y sus renos podrán encontrar tu casa.

Preguntas:

1. ¿Qué ingrediente(s) especial(es) ven los renos brillar bajo la luz de la luna? _____

2. ¿Qué ingrediente(s) especial(es) hará que los renos vean el brillo bajo la luna? _____

3. Pregunta adicional: "Biodegradable" significa un tipo de desecho que se puede descomponer en cuestión de semanas o meses, cuando se expone al medio ambiente. Los desechos biodegradables son descompuestos por microorganismos y otros seres vivos, que pueden ser utilizados por plantas y animales como alimento y no dañarán el medio ambiente. ¿Son los ingredientes utilizados para hacer Ribbles biodegradables y seguros para el medio ambiente?

Nombra y Busca

Escribe el nombre de la imagen de ciencia en el espacio en blanco y encuentra la figura escondida.

Búsqueda del tesoro con cámara de celular

Con el uso de la tecnologia podrás participar en la búsqueda del tesoro interactivo con cualquier persona en todo el mundo.

Que se necesita:

• Teléfono inteligente con plan para enviar texto

• Jugador(es)

• Lista de búsqueda del tesoro

Instrucciones:

1. Seleccionar los jugadores.

2. Elegir una fecha y hora para empezar y terminar la búsqueda del tesoro.

3. Distribuir la lista de búsqueda del tesoro entre todos los jugadores.

4. Cada jugador debe buscar los elementos de la lista.

5. Cuando un jugador encuentre algún objeto, el/ella tomará una foto y la enviará por texto al grupo.

6. Cuando el primer jugador consiga reunir todos los artículos, el/ella creará un collage con todos ellos usando la cámara de su teléfono y enviando una foto por texto al grupo.

7. La primera persona que reúna todos los artículos, será la ganadora. Sin embargo, si el tiempo se acaba antes de que alguno de los jugadores consiga todos los objetos, el jugador que tenga la mayoría será el ganador.

BÚSQUEDA DEL TESORO DE NAVIDAD

1. Un árbol al aire libre cubierto de luces
2. Un letrero de "Felices Pascuas"
3. Un bastón grande de caramelo
4. Un cartel de bienvenida a Santa Claus (Papá Noel – Viejito Pascuero / en otros países)
5. Un muñeco de nieve
6. Un pesebre o Belén
7. Un regalo que esté iluminado
8. Una decoración de la casita de jengibre
9. Un sombrero de Navidad de un color que no sea rojo
10. Santa Claus en un tejado
11. Un trineo al aire libre con renos
12. Un calendario de la época de advenimiento
13. Una vitrina con imágen de vacaciones en un centro comercial
14. Galletas de Navidad
15. Un CD con música de Navidad

Visita christmasreindeerfood.com para imprimir la lista de búsqueda del tesoro.

Nombra y Busca

Escribe el nombre de la imagen de tecnología en el espacio en blanco y encuentra la figura escondida.

Árbol de Navidad de tres dimensiones en cartulina

Que se necesita:

- 2 pedazos de cartón corrugado
- Una regla para medir
- Lápiz
- Cortador para cajas
- Plantilla del arbol de Navidad

Side 1 ← Cut here →

Side 2 ← Cut here →

Instrucciones:

IMPORTANTE: Todos los cortes serán hechos por un adulto.

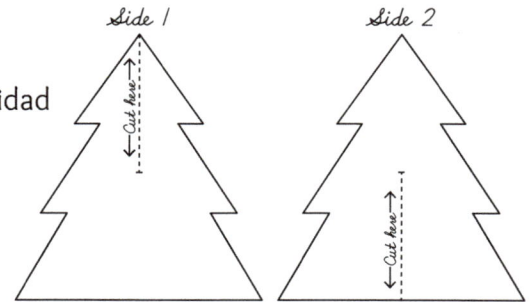

1. Delinea un árbol de Navidad en un pedazo de la cartulina para hacer el lado 1 (puedes hacerlo a escala para lograr el tamaño que desees).
2. Corta el lado 1 con el cortador.
3. Usa el lado uno como muestra para marcar el lado 2.
4. Corta el lado 2 con el cortador.
5. Mide la altura del árbol de Navidad.
6. ¿Qué tan alto es el árbol? ....
7. Divide la altura del árbol en 2. ¿Cuál es la mitad de la medida? ....

8. En el lado 1, mide desde el centro de la parte superior del árbol de Navidad a la mitad de la altura del árbol. Marca un punto allí.
9. Traza una línea recta punteada desde la parte superior del árbol hasta el punto.
10. En el lado 2 ya cortado, mide desde el centro de la parte inferior del árbol de Navidad a la mitad de la altura del árbol. Marca un punto allí.
11. Traza una línea recta punteada desde la parte inferior del árbol hasta el punto.
12. Usa el cortador para recortar por las líneas punteadas.
13. Inserta el lado 1 en el lado 2 para que el árbol se sostenga.

ACTIVIDAD ADICIONAL

IMPORTANTE:
Un adulto debe utilizar las tijeras para esta actividad.

Instrucciones:

1. *Medir los espacios entre las luces en la hilera de luces. ¿A qué distancia están?* ....
2. *Contar el número de luces en la cuerda. ¿Cuántas luces hay?* ....
3. *Hacer pequeños puntos en el árbol basado en el número de luces y la distancia entre cada luz en la cuerda.*

Artículos necesarios:

- *Cuerda(s) y luces de Navidad (mini o pequeñas) (cualquier color)*
- *Tijeras*
- *Lápiz*

4. *Usar las tijeras para crear un pequeño agujero donde tiene cada punto.*
5. *Insertar las luces en cada agujero para enchufar su árbol.*

INGENIERIA

Nombra y Busca

Escribe el nombre de la imagen de ingeniería en el espacio en blanco y encuentra la figura escondida.

_____

_____

_____

_____

_____

_____

_____

_____

_____

_____

Visita christmasreindeerfood.com para imprimir la hoja de respuestas.

Canción de Navidad de Honey

Lyrics by Nicole Antoinette
Music by Timothy A. Wheeler

Instrucciones:

Usando una grabadora de soprano, clave de C, o algún otro instrumento, toca el villancico de Navidad de Honey

Lyrics:

Jesus is praised on Christmas day, everyone knows Him loves to say
Cookies are baked for the night homes are trimmed with tinsel bright

Silent night, Holy night the Sav - ior is born!
Son of God strong and might the Lord Jesus Christ!

Under the moon the food shines bright Santa's reindeer will soon take flight
Reindeer fly and see our home In the morn we wake to roam

Silent night, Holy night the Sav - - - - ior is born! But the
Son of God strong and might, the Lord Jesus Christ!

real meaning of Christmas is Je - - - sus Christ! The

real meaning of Christmas is Je - sus Christ!

Visita christmasreindeerfood.com para obtener la versión en audio del villancico; tú puedes tocarla o cantarla.

Nombra y Busca

Escribe el nombre de la imagen de arte en el espacio en blanco y encuentra la figura escondida.

Ribbles para compañeros de clase o vecinos

Instrucciones: Contar el número de compañeros de clase o vecinos a los que tú puedes regalar una bolsa de Ribbles.

Preguntas:

1. Cuántas bolsas de Ribbles necesitas hacer?

2. Si de cada tazón de Ribbles (de la actividad de ciencias) se obtienen dos de 3 ¼ x 6 ½ bolsas de plástico, cuántos lotes de Ribbles necesitas hacer?

3. Si tú necesitas hacer _____(indicar número de la pregunta1) lotes de Ribbles, modificar la receta utilizando el diagrama de abajo:

_____ tazas de harina de avena cruda

_____ tazas de azúcar

_____ cucharadas de cristales de azúcar rojas

_____ cucharadas de cristales de azúcar verdes

_____ cucharaditas de especias (por ejemplo, canela, pimienta, o nuez moscada)

	Bolsas de Ribbles														
Ingredientes	2	4	6	8	10	12	14	16	18	20	22	24	26	28	30
Avena cruda	½ Taza	1 Taza	1½ Taza	2 Taza	2½ Taza	3 Taza	3½ Taza	4 Taza	4½ Taza	5 Taza	5½ Taza	6 Taza	6½ Taza	7 Taza	7½ Taza
Azúcar	½ Taza	1 Taza	1½ Taza	2 Taza	2½ Taza	3 Taza	3½ Taza	4 Taza	4½ Taza	5 Taza	5½ Taza	6 Taza	6½ Taza	7 Taza	7½ Taza
Cristales rojos de azúcar	3 Cuchara	6 Cuchara	9 Cuchara	12 Cuchara	15 Cuchara	18 Cuchara	21 Cuchara	24 Cuchara	27 Cuchara	30 Cuchara	33 Cuchara	36 Cuchara	39 Cuchara	42 Cuchara	45 Cuchara
Cristales verdes de azúcar	3 Cuchara	6 Cuchara	9 Cuchara	12 Cuchara	15 Cuchara	18 Cuchara	21 Cuchara	24 Cuchara	27 Cuchara	30 Cuchara	33 Cuchara	36 Cuchara	39 Cuchara	42 Cuchara	45 Cuchara
Especias	1 Cucharita	2 Cucharita	3 Cucharita	4 Cucharita	5 Cucharita	6 Cucharita	7 Cucharita	8 Cucharita	9 Cucharita	10 Cucharita	11 Cucharita	12 Cucharita	13 Cucharita	14 Cucharita	15 Cucharita

Instrucciones:

1. Mezcla la harina de avena, azúcar, cristales de azúcar y especias en un tazón pequeño.
2. Divide los Ribbles en partes iguales.
3. Guarda herméticamente en bolsas de plástico.

Nota:
No se recomienda añadir palitos de zanahoria si se está compartiendo.

Actividad Extra:
Visita christmasreindeerfood.com para las etiquetas imprimibles. Imprimir y cortar las etiquetas. Adhiere o pega con cinta una etiqueta a cada bolsa de Ribbles.

Nombra y Busca

En el espacio en blanco escribe el nombre de las figuras que representa matemáticas, y encuéntralas escondidas en la imagen.

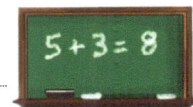

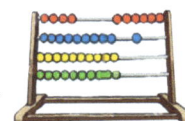

El verdadero significado de la Navidad es el Señor Jesucristo

Gracias por leer la historia de Navidad de Honey y compartir un tiempo con ella viendo como utiliza su imaginación para alimentar a los renos con su comida especial de Navidad (Ribbles); gracias también por disfrutar de las actividades de STEAM.

Como bono adicional, te recomiendo que leas en familia en la víspera de cada Navidad Lucas 2: 1-20 (El nacimiento de Jesús).

Lucas 2:1-20 (NIV)
Nacimiento de Jesús

Por aquellos días Augusto César decretó que se levantaría un censo en todo el imperio romano (este primer censo se efectuó cuando Cirenio gobernaba en Siria). Así que iban todos a inscribirse, cada cual a su propio pueblo.

También José, que era descendiente del rey David, subió de Nazaret, ciudad de Galilea, a Judea. Fue a Belén, la ciudad de David, para inscribirse junto con María su esposa. Ella se encontraba encinta y mientras estaban allí, se cumplió el tiempo. Así que dio a luz a su hijo primogénito. Lo envolvió en pañales y lo acostó en un pesebre, porque no había lugar para ellos en la posada.

En esa misma región había unos pastores que pasaban la noche en el campo, turnándose para cuidar sus rebaños. Sucedió que un ángel del Señor se les apareció. La gloria del Señor los envolvió en su luz, y se llenaron de temor. Pero el ángel les dijo: "No tengan miedo, les traigo buenas noticias que serán motivo de mucha alegría para todo el pueblo. Hoy les ha nacido en la ciudad de David un Salvador, que es Cristo el Señor. Esto les servirá de señal: Encontrarán a un niño envuelto en pañales y acostado en un pesebre."

De repente apareció una multitud de ángeles del cielo, que alababan a Dios y decían:

"Gloria a Dios en las alturas, y en la tierra paz a los que gozan de su buena voluntad."

Cuando los ángeles se fueron al cielo, los pastores se dijeron unos a otros: "Vamos a Belén para ver lo que ha pasado y que el Señor nos ha dado a conocer."

Así que fueron de prisa y encontraron a María y a José y al niño que estaba acostado en el pesebre. Cuando vieron al niño, contaron lo que les habían dicho acerca de él y cuantos lo oyeron se asombraron de lo que los pastores decían. María, por su parte, guardaba todas estas cosas en su corazón y meditaba acerca de ellas. Los pastores regresaron glorificando y alabando a Dios por lo que habían visto y oído, pues todo sucedió tal como se les había dicho.